Das Verkaufsgespräch

- Erfolgreich Verkaufen -

Kurz und kompakt

Über 100 Tipps und Ideen für die Kundengewinnung und Kundenbindung im direkten Kundenkontakt

Das Verkaufsgespräch

- Erfolgreich Verkaufen -

Kurz und kompakt

Ralf Köncke

Bibliografische Information der Deutschen
Nationalbibliothek:
Die Deutsche Nationalbibliothek verzeichnet diese
Publikation in der Deutschen Nationalbibliografie;
detaillierte bibliografische Daten sind im Internet über
http://dnb.dnb.de abrufbar.

Herstellung und Verlag:

BoD – Books on Demand, Norderstedt

ISBN: 9783756879366

Inhaltsverzeichnis

Einleitung

Sie mögen es kurz und kompakt? Dann habe ich gleich zum Einstieg etwas für Sie. Und zwar biete ich Ihnen die kürzeste Verkaufsschulung der Welt an.

Die kürzeste Verkaufsschulung der Welt ist nur ein Satz und der lautet:

Verkaufen heißt Vertrauen!

Damit wissen Sie eigentlich alles, was Sie für einen erfolgreichen Verkauf wissen müssen. Denn wenn der Kunde Ihnen nicht vertraut, kauft er auch nicht bei Ihnen. Er geht wahrscheinlich mit dem Satz „Da muss ich nochmal eine Nacht drüber schlafen" nach Hause oder zu den Mitwettbewerbern und ward nie mehr gesehen.

Wenn Sie es also nicht schaffen Vertrauen aufzubauen, dann wird auch der geduldigste, liebste und netteste Interessent oder die Interessentin nicht bei ihnen kaufen und eben nicht zum glücklichen Stammkunden/in für die nächsten Jahre bei Ihnen werden.

Erfahren Sie in diesem Buch, kurz und kompakt, wie Sie service- und kundenorientiert verkaufen können, Vertrauen aufbauen, Neukunden gewinnen und Stammkunden langfristig an sich binden. Und wie Sie es schaffen, sich im direkten Gespräch mit den Kunden positiv von den Mitwettbewerbern zu unterscheiden.

Schauen Sie sich doch bitte nochmal das Coverfoto an.

Wer von beiden sollte der Verkäufer sein und warum?

Die Antwort finden Sie auf Seite 41 unten!

Warum sollte der Kunde eigentlich bei Ihnen kaufen?

Was macht Ihr Produkt oder Ihre Dienstleistung eigentlich so besonders? Wodurch zeichnen Sie sich aus? Ist es die Qualität und/oder das Besondere Ihrer Produkte, die mich überzeugen oder ist es ganz einfach der günstige Preis? Vielleicht haben Sie auch einen besonderen Service, den ich nur bei Ihnen bekomme?

Was also zeichnet Ihr Produkt oder Ihre Dienstleistung aus?

Beste Qualität

Günstigster Preis　　　　**Bester Service**

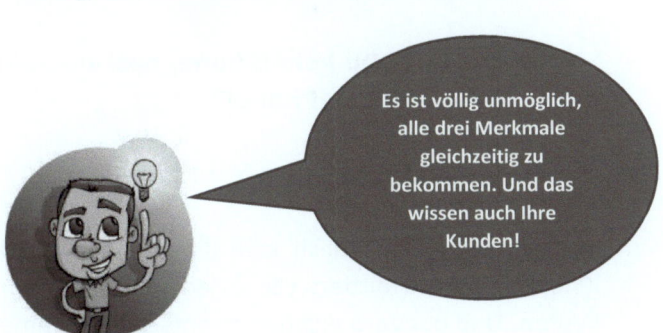

Es ist völlig unmöglich, alle drei Merkmale gleichzeitig zu bekommen. Und das wissen auch Ihre Kunden!

1.   Der günstigste Preis

Wenn Sie über den Preis verkaufen, sinken nicht nur Ihre Margen, sondern Sie ziehen die Schnäppchenjäger an. Und der Schnäppchenjäger geht immer dahin, wo das Schnäppchen ist. Auch wenn das nicht bei Ihnen ist. **Das bedeutet, dass Sie über den Preis niemals treue und loyale Kunden gewinnen werden.** Im Preiskampf können Sie auf Dauer nur verlieren. Denn es wird immer einen geben, der das Produkt oder die Dienstleistung noch etwas günstiger anbieten kann als Sie.

2.   Die beste Qualität

Ganz ehrlich, gute Qualität bieten die anderen mittlerweile auch, oder? Und heutzutage gleichen sich die Produkte immer mehr an. Einzig das Image einer Marke oder eines Unternehmens könnte dafür sorgen, dass ich unbedingt bei Ihnen kaufen möchte. Denn wie sagte einer meiner Söhne mal zu mir:

„Papa, hast Du kein iPhone, hast du kein iPhone!"

(Übersetzt hieß das wohl: Ich bin raus!)

Und ich habe tatsächlich kein iPhone! Aber auch ein iPhone kann ich mittlerweile in jedem Elektronikmarkt kaufen. Und bei Vergleichbarem entscheidet immer der

Preis. Also raus aus der Vergleichbarkeitsfalle und hin zum nächsten Punkt.

3.   Der beste Service

Den besten Service bieten. Das kann ein echtes Alleinstellungsmerkmal sein! Was ist aber der beste Service? Was verstehen Sie darunter? Und was verstehen Ihre Kunden darunter?

Ein erster Schritt, Ihre Serviceleistungen zu verbessern, ist eine einfache Übung, die einen Perspektivenwechsel beinhaltet.

Stellen Sie sich so oft wie möglich vor, wie es sich anfühlt, bei Ihnen Kunde zu sein.

Setzen Sie also die Betriebsbrille ab und die Kundenbrille auf. Nehmen Sie bewusst die Kundensicht ein. Bestellen Sie selbst bei Ihrem Unternehmen, persönlich, per Telefon oder im Internet. Rufen Sie Ihren Kundendienst an, parken Sie auf dem Kundenparkplatz und gehen Sie mit offenen Augen zum Eingang und durch Ihr Geschäft. Langsam und mit voller Aufmerksamkeit. Schauen Sie sich ganz in Ruhe und bewusst alles an.
Oder stellen Sie sich einfach mal auf die andere Seite des Empfangs und nehmen so die Sichtweise des Kunden an.

Wie geht es Ihnen damit? Was fühlen Sie dabei? Was sehen Sie und was sehen somit Ihre Kunden? Was kann man besser machen?

In meinen Vorträgen und Veranstaltungen sehe ich immer wieder, dass Unternehmer/innen mit Interesse am Thema Servicequalität bereits einen ziemlich guten Service in ihren Betrieben anbieten und diesen auch stetig verbessern. Diejenigen dagegen, die das Thema als überbewertet abtun, behandeln leider meist auch Ihre Kunden und Mitarbeiter entsprechend.

Gut durchdachte analoge Prozesse können zum Beispiel durch digitale Technologien noch besser und leistungsfähiger werden. Genauso können digitale Prozesse durch analoge Abläufe erst ihr volles Potenzial entfalten.

Denn in vielen Branchen kaufen letztendlich Menschen von Menschen! Und hier, auf den letzten Metern des Verkaufsprozesses entscheidet sich, ob all Ihre Marketingmaßnahmen nun erfolgreich zum Abschluss führen. Damit Sie auf den letzten Metern kein Schiffbruch erleiden, denken Sie an **die kürzeste Verkaufsschulung der Welt:**

Dieser eine Satz sagt eigentlich alles aus, was es zum Verkaufen braucht: Vertrauen!

Aber Achtung!

Vertrauen ist wie ein Blatt Papier:

Einmal zerknüllt, wird es nie wieder perfekt sein.

Wenn Sie es also nicht schaffen, dem Kunden ein Gefühl des „Ich kann dem Menschen vertrauen" zu vermitteln, werden Sie nie so gut verkaufen, wie Sie es eigentlich könnten.

Denken Sie einmal daran, wie es Ihnen selbst geht, wenn Sie das Gefühl haben, es will Ihnen jemand nur etwas verkaufen oder sogar aufschwätzen, ohne Ihre Interessen abzufragen und diese dann zu berücksichtigen.

Da gehen Sie direkt gedanklich 2-3 Schritte zurück und möchten eigentlich nur noch raus aus dieser Situation. Genauso geht es Ihren Kunden, wenn Sie kein Vertrauen aufbauen.

Aber wie entsteht Vertrauen?

Vertrauen beginnt damit, dass Ihre Worte und Ihr Handeln übereinstimmen. **Dass Sie nichts versprechen oder sagen, was Sie nicht halten können.**

Dass Sie ein echtes Interesse am Kunden haben und dieses dem Kunden auch zeigen.

Das Sie authentisch sind. Wichtig ist, dass die eigene Kommunikation authentisch ist und so den Erfolg im Verkaufsgespräch dadurch positiv beeinflusst. Jeder, der im Verkauf arbeitet, hat seine ganz eigene Persönlichkeit. Und im Verkauf geht es darum, eine möglichst emotionale Beziehung zum Kunden aufzubauen. Und dass Sie über die Art Ihrer verbalen und nonverbalen Kommunikation diese Punkte jederzeit widerspiegeln und so als ein ehrlicher, interessierter und sympathischer Gesprächspartner wahrgenommen werden.

Und hier kommt der kommunikative Werkzeugkasten für Verkäufer zum Tragen. Schauen Sie sich auf den folgenden Seiten an, was alles zur Grundausstattung in Ihren Verkäuferwerkzeugkasten gehört.

„Es dauert Jahre, einen guten Ruf aufzubauen und nur fünf Minuten, ihn zu ruinieren. Wenn Sie darüber nachdenken, werden Sie die Dinge anders angehen.“

- Warren Buffett –

Ihr Verkäuferwerkzeugkasten

Für Berater und Verkäufer gehört insbesondere die **Kunst der Kommunikation zum Handwerkszeug**. Denn wenn die Kommunikation nicht stimmt, schaffen Sie es auch mit dem geduldigsten, liebsten und nettesten Kunden nicht, eine erfolgreiche und vor allem nachhaltige Geschäftsbeziehung aufzubauen. Doch was gehört in einen Verkäuferwerkzeugkasten?

Folgende kommunikativen Werkzeuge gehören als Grundausstattung in Ihren Verkäuferwerkzeugkasten, denn Kommunikation ist nicht nur Sprache:

Alle Werkzeuge werden Ihnen im Buch immer wieder begegnen. Und einige werde ich auch etwas näher erläutern. Es ist natürlich keine vollständige Aufzählung der Fähigkeiten, die Ihnen im Verkauf helfen, sondern die Grundausstattung Ihrer „Werkzeuge" bei der Kommunikation mit Ihren Kunden und Kundinnen.

So gehören Punkte wie fachliche Expertise, Erfahrungen und Produktkenntnisse natürlich auch in Ihren Werkzeugkasten. Das sind alles Punkte, die Ihnen im Verkauf extrem helfen können und die Ihnen zudem Sicherheit im Kundenkontakt geben.

Bei der nächsten Abbildung sehen Sie, dass Fachkompetenz allerdings nur ein Teil einer der drei tragenden Säulen ist.

Die drei Säulen des Verkaufserfolges

Einstellung	Können	Wissen
- Authentizität	- Strategie	- Fachkompetenz
- Begeisterung für den Kunden	- Verkaufs- techniken	- Marktanalyse
- Begeisterung für das Produkt	- Verbale und Nonverbale Kommunikation	- Kundenanalyse

Wenn Sie zum Beispiel **authentisch** sind, brauchen Sie nicht ständig darüber nachdenken, was oder wie Sie etwas formulieren und wie Sie mit verschiedenen Personen umgehen. Denn Kunden haben ein sehr feines Gespür dafür, ob Sie nur so tun oder ob Sie wirklich so nett, freundlich und kompetent sind. Jeder Mensch hat diese Antennen, die einem sagen, ob es das Gegenüber ehrlich meint oder nicht und ob wir zurückhaltend oder offen sein können.

Im Verkaufsgespräch geht es darum, eine möglichst emotionale Beziehung zum Kunden aufzubauen. Daher gibt es gute Gründe, die für authentische Kommunikation im Kundengespräch sprechen.

Authentizität ist ein wichtiger Baustein für erfolgreiche Verkaufsgespräche.

Das **Wissen** und **Können** ist also nur ein Teil des Erfolges. Ohne Ihre **Einstellung** wird es schwer, eine erfolgreiche Kundenbeziehung aufzubauen.
Sie benötigen alle drei Säulen und mit einem gut gefüllten kommunikativen Werkzeugkasten decken Sie vieles davon ab.

Reflexionsfähigkeit und Selbstbewusstsein

Reflektieren bedeutet, über etwas gründlich nachzudenken. **Reflexionsfähigkeit meint also, Situationen im Nachgang zu betrachten, inklusive aller Gedanken, Emotionen und Handlungen der betroffenen Personen.** Zu schauen, wo lief es gut oder wo kippte das Gespräch.

Ein anderes Wort ist **Selbstbewusstsein.** Sich **„seiner Selbst"** bewusst sein und aus diesen Erkenntnissen heraus das eigene Ich voranbringen ist für jeden Menschen eine ganz individuelle Herausforderung. Damit Sie Selbstbewusstsein aufbauen können, müssen Sie Ihre Ziele kennen und sich Ihrer Stärken und vor allem ihrer Schwächen bewusst sein. Dazu reflektieren Sie regelmäßig Ihr Verhalten, beobachten sich aus der sogenannten Metaebene und hinterfragen sich aus einer realistisch-kritischen Perspektive. Regelmäßig angewendet, kann die Selbstwahrnehmung dabei helfen, bessere Entscheidungen zu treffen, mit Konflikten professionell umzugehen sowie das Vertrauen in Ihre Handlungen zu fördern und Ihr Selbstbewusstsein zu stärken.

Ihre Gedanken beeinflussen Ihre Einstellung und Ihre Motivation!

Gedanken sind starke Kräfte – positiv wie negativ.

Sie können nicht negativ denken und Positives erwarten. Es wird ständig zu Enttäuschungen führen.

Self-fulfilling prophecy

Die „Selbsterfüllende Prophezeiung" ist eine falsche Annahme über die Realität, die dazu führt, dass der Träger sein Erleben und Verhalten so ändert, dass diese falsche Annahme tatsächlich real wird. Es gibt viele Formen der sich selbst erfüllenden Prophezeiung.

Wenn Sie zum Beispiel zum Kunden gehen und denken, der kauft eh nichts, dann werden Sie **unbewusst** alles dafür tun, dass der Kunde tatsächlich nichts kauft. Und werden sich somit in Ihrer falschen Annahme bestätigt fühlen. Nun können Sie wieder zurückfahren und zu sich selbst sagen: „Habe ich doch gleich gewusst."

Sie können das Prinzip der selbsterfüllenden Prophezeiung aber auch positiv nutzen. Häufig betrifft Ihre Prophezeiung nämlich das vermeintliche Verhalten anderer Personen. Gehen Sie daher lieber vom Positiven aus, freuen Sie sich auf den Kunden (beachten Sie die Säule **Einstellung**!) und denken Sie vor allem positiv. Insbesondere über sich selbst!

„So bin ich nun mal. Ich kann das nicht!"

Haben Sie so einen Satz schon mal gehört? Oder haben Sie vielleicht selbst schon so über sich gedacht? Und wie fühlten Sie sich dabei?

Stellen Sie sich einmal vor, sie hätten das Wörtchen **„noch"** in Ihre Aussage eingefügt: **„Ich kann das noch nicht!"**

Wie fühlt es sich an? Was hätte sich verändert? Was macht das mit Ihnen?

Es macht einen großen Unterschied, ob Sie bei sich von einem **statischen oder dynamischen Selbstbild** ausgehen.

Wenn Sie davon ausgehen, dass Ihre Fähigkeiten und Ihre Intelligenz grundsätzlich vorgegeben und nicht mehr oder nur noch wenig veränderbar sind, spricht man von einem statischen Selbstbild.

Bei dem dynamischen Selbstbild entwickeln Sie Ihre Fähigkeiten ständig weiter. Sie bilden sich weiter und motivieren sich selbst, ständig besser zu werden. Sie besuchen Seminare, Workshops und Veranstaltungen. Fehler werden als Chancen gesehen, besser zu werden.

Ein typisches Beispiel für eine selbsterfüllende Prophezeiung ist eine übertriebene Angst seine Ziele nicht erreichen zu können, aus der verzerrten Annahme, dass man scheitern wird. **„Die Prüfung zum Diplom Betriebswirt schaffe ich nie."** Diese Angst führt dann zu hohem Stress und daraus resultiert dann wahrscheinlich eine schlechtere Leistung und in der Folge wahrscheinlich ein Nichterreichen der Ziele.

Sagen Sie sich in so einer Situation lieber „Die Prüfung zum Diplom Betriebswirt schaffe ich **noch** nicht!"

Und nun geht es darum, dass zu tun, was getan werden muss, um die Prüfung zu schaffen.

Auch der Verkaufserfolg beginnt im Kopf - und zwar in Ihrem!

Auch hier ist es am wichtigsten, dass Sie sich positiv auf Kundengespräche einstimmen.

Gehen Sie also mit folgenden Gedanken in das Gespräch:

• Ich habe Lust auf das Gespräch.

• Ich bin neugierig auf den Kunden.

• Ich freue mich auf den Kunden.

Achten Sie auf Ihre Gedanken. Denn diese bestimmen Ihr Schicksal!

VERBALE KOMMUNIKATION

Ihre Worte bewirken etwas bei Ihrem Gesprächspartner. Immer!

Dies geschieht oftmals unbewusst und kann ein Gespräch in die eine oder andere Richtung lenken, ohne dass Sie es wollten oder gemerkt haben. Viele Dinge passieren unbewusst, der Kunde kann sich gar nicht dagegen wehren. Schauen Sie sich daher Ihre Kundengespräche rückblickend gedanklich an, wo lief es gut und wo haben Sie den Kunden verloren.

Ich gebe Ihnen mal ein Beispiel.

Konzentrieren Sie sich und denken jetzt bitte nicht an den Eiffelturm.

Hat es funktioniert? Wahrscheinlich haben auch Sie den Eiffelturm direkt vor Ihrem geistigen Auge gesehen und sehen ihn womöglich immer noch. Und je mehr Sie nun versuchen das Bild wieder weg zu bekommen, desto schwieriger wird es.

Was bedeutet das nun für Ihr Verkaufsgespräch? Wenn Sie also zu einem Kunden sagen: **„Da gehen Sie gar kein Risiko ein."** Dann meinen Sie es sicher gut, erreichen beim Kunden allerdings, dass er zum ersten Mal darüber nachdenkt, das es ein Risiko geben könnte und wird da nochmal drüber nachdenken wollen.

Der Kunde wird sich vermutlich freundlich mit dem Satz „Da muss ich nochmal eine Nacht drüber schlafen" verabschieden.

Nutzen Sie also positiv besetzte Wörter und sagen Sie stattdessen lieber:

„Das ist für Sie absolut sicher."

Hier bleibt Sicherheit im Unterbewusstsein des Kunden hängen und Sicherheit ist eines der größten Kaufmotive!

Beispielwörter, die Ihnen in der Kundenkommunikation helfen einen Kundennutzen positiv zu formulieren:

• **erhöhen**	• **beschleunigen**	• **reduzieren**
• **sichern**	• **sparen**	• **verbessern**
• **maximieren**	• **steigern**	• **verringern**
• **getestet**	• **gratis**	• **geprüft**
• **aktuell**	• **zuverlässig**	• **einfach**
• **effizient**	• **schnell**	• **bewährt**

Und Worte mit denen Sie sich im Kundenkontakt im Weg stehen:

• **Problem**	• **müssen**	• **vielleicht**
• **versuchen**	• **aber**	• **Ja, aber**
• **eigentlich**	• **Fehler**	• **Schuld**
• **im Prinzip**	• **ich sag mal**	• **in der Regel**

Das Verkäufer Phrasen-Bingo

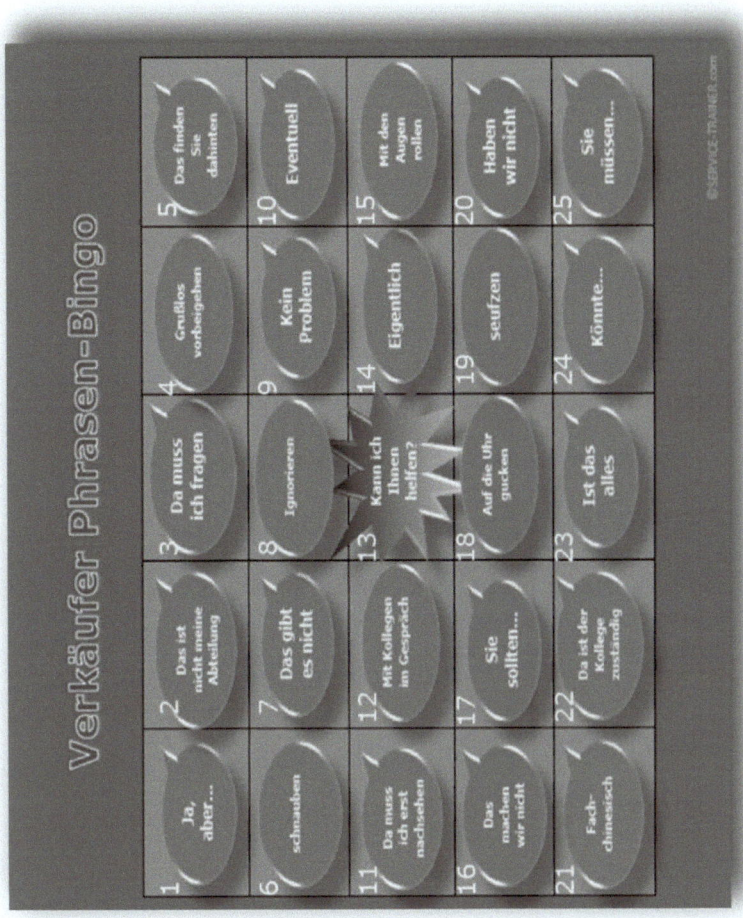

Haben Sie fünf Beispiele in einer Reihe waagerecht, diagonal oder vertikal schon mal erlebt?

BINGO! Herzlich willkommen in der Servicewüste.

Lesen Sie hier, wie es besser geht:

1. „Ja, aber ..."

Ganze Bücher beschäftigen sich zum Beispiel mit der Wirkung des Ausdrucks:

Ja, aber...

Mit einem „aber" setzen Sie alles vorher Gesagte außer Kraft.

Zum Beispiel: „Ich finde Sie nett, aber..."

Egal was jetzt folgt, nett sind Sie nicht mehr.

„Ja, aber" bedeutet somit eher „nein".

Tipp:

Sie können fast jedes „aber" durch ein „und" ersetzen, Sie sagen das Gleiche, es hört sich nun viel freundlicher an.

„Ich finde Sie nett, und..."   Jetzt bleiben Sie nett, egal was folgt.

Also besser: „Ja, und..." statt „Ja, aber...".

Und selbst wenn Sie bewusst ein „aber" benutzen möchten, weil Sie eben das vorher Gesagte außer Kraft setzen wollen, zum Beispiel mit dem Satz:

„Die Produkte der Mitwettbewerber sind qualitativ gleichwertig, aber wir haben noch die einzigartige Serviceleistung XY, die Ihnen..."

Es hört sich einfach nicht gut an, oder?

Es hört sich wie eine Rechtfertigung an und der Kunde spürt so etwas.

Meine Empfehlung ist grundsätzlich, reden Sie nicht über Ihre Mitwettbewerber und machen Sie diese auch niemals schlecht. Ein guter Verkäufer weiß zwar was die Mitwettbewerber machen, er redet jedoch nicht darüber.

Wenn Sie also bewusst dem vorher Gesagtem widersprechen möchten, nutzen Sie auch hierbei besser eine andere Formulierung.

Zum Beispiel: - gleichzeitig

                 - jedoch

                 - dennoch

                 - zudem

„Die Produkte der Mitwettbewerber sind qualitativ gleichwertig, zudem haben wir noch die einzigartige Serviceleistung XY, die Ihnen..."

Lesen Sie den Satz auf dieser Seite und dann den Satz auf der vorherigen Seite nochmal. Spüren Sie den Unterschied? Keine Rechtfertigung, kein negatives Reden über die Mitwettbewerber.

2. „Das ist nicht meine Abteilung"

Kompetenzmängel zum Nachteil der Kunden sind grundsätzlich negativ. Leider lässt sich nicht immer sicherstellen, dass sofort die richtige Antwort zur Hand ist. Wenn Sie im Verkauf auf solche Hürden stoßen, sagen Sie besser: „Gerne, ich hole meinen Kollegen, der kann Sie dabei kompetent beraten."

3. „Da muss ich fragen"

Etwas nicht zu wissen ist nicht schlimm. Ganz im Gegenteil: Offen zuzugeben, etwas nicht zu wissen ist besser, als dem Kunden Unsinn zu erzählen. Die Kunden von heute sind durch das Internet gut informiert. Wenn der Kunde merkt, dass Sie sich nicht auskennen und ihm irgendetwas erzählen, haben Sie ihn schnell verloren.

Allerdings ist „müssen" nicht so schön.
Sagen Sie lieber: „Da frage ich gerne nach."

Oder auch sehr nett:

„Da haben Sie mich erwischt. Das möchte ich auch gerne wissen, ich frage gerne nach. Haben Sie etwas Zeit mitgebracht?"

4. Grußlos vorbeigehen

Das geht gar nicht!
Erlebe ich aber andauernd. Ein kurzes „Guten Tag“, verbunden mit einem freundlichen Lächeln, muss immer drin sein.

Wenn der Kunde sieht, dass Sie beschäftigt sind, und Sie ihm durch ein kurzes „Ich bin sofort bei Ihnen“ oder auch nur ein freundliches Nicken signalisieren, dass Sie ihn wahrgenommen haben, wartet er gerne.

5. „Das finden Sie da hinten“

Begleiten Sie den Kunden immer bis zum gesuchten Artikel. Und zwar mit ein paar freundlichen Worten: „Selbstverständlich, das zeige ich Ihnen gerne. Kommen Sie doch bitte mit.“

6. Schnauben

Ja, ein Arbeitstag kann anstrengend sein. Auch Kunden können anstrengend sein. Und trotzdem hat eine solche Geste oder Mimik nichts im Kundenkontakt zu suchen. Wenn es gar nicht mehr geht, machen Sie lieber eine kurze Pause, trinken ein Glas Wasser, atmen drei Mal tief durch und dann geht's weiter.

7. „Das gibt es nicht"

Vielleicht wissen Sie es nur nicht. Ist aber auch egal. Zeigen Sie Verständnis für den Kunden, bieten Sie Alternativen an. Fragen Sie den Kunden nach seinem Bedarf. Vielleicht haben Sie eine gute alternative Lösung für sein Problem.

8. Ignorieren

Siehe Punkt 4.

9. „Kein Problem"

Unser Unterbewusstsein kann mit einer sogenannten Negation nichts anfangen. Es bleibt also „Problem!" hängen. Oft höre ich „kein Problem", obwohl der Verkäufer es gut meint. Dann sagen Sie doch besser: „Das mache ich gerne für Sie."

Und wenn der Kunde sich bei Ihnen für den guten Service bedankt, antworten Sie bitte nicht mit:

„Kein Problem"   „Keine Ursache"   „Nicht dafür"

Beim Kunden kommt an:
> Problem   > Ursache   > Dafür

Sagen Sie besser:
„Das habe ich gerne für Sie gemacht."

10. „Eventuell"

Vermeiden Sie Begrifflichkeiten wie:

- eventuell
- unter Umständen
- in der Regel
- normalerweise
- vielleicht

Solche sogenannten „Weichmacher" werden meist verwendet, wenn man unsicher ist, sich nicht festlegen will oder sich ein Hintertürchen offenhalten möchte. Das merkt der Kunde bewusst oder unbewusst. **Es fühlt sich nicht gut an und lässt den Kunden zögern.**

Oft höre ich solche Weichmacher bei der Preisnennung. Hier wird der Mitarbeiter auf mal unsicher, die Stimmer verändert sich, Blicken des Kunden wird ausgewichen. Und beim Kunden schrillen nun die Alarmglocken. Denn der Kunde hat ganz feine Antennen, wenn auf mal die nonverbale Kommunikation sich auch nur minimal verändert. Mit dem gleichen Brustton der Überzeugung, mit dem Sie Ihre Produkte und Dienstleistungen vorstellen, müssen Sie also auch Ihre Preise nennen können. Seien Sie stolz auf Ihre Preise und zeigen Sie dies auch Ihren Kunden!

11. „Da muss ich erst nachsehen"

Besser: „Da schaue ich gerne für Sie nach. Haben Sie einen kleinen Moment Zeit?"

12. Mit Kollegen im Gespräch

Die Mitarbeiter-Traube. Da möchte der Kunde nicht stören. Wenn Sie Kunden im Geschäft haben, beschäftigen Sie sich mit ihnen. Wenn nicht, beschäftigen Sie sich mit der Ware.

13. „Kann ich Ihnen helfen?"

Der Klassiker im Verkauf. Entfernen Sie diesen Satz bitte sofort aus Ihrem Wortschatz. Die Kunden können es nicht mehr hören. Es nervt einfach! Und wie oft bekommen Sie als Antwort: „Danke, ich schaue mich erstmal um." – Frustrierend, oder?

Übrigens: Männer erwecken ungern den Eindruck, Hilfe zu brauchen. Daher bekommen Sie von Männern viel häufiger ein „Nein" auf diese Frage als von Frauen.

Dabei könnten wir Männer Hilfe meistens gut gebrauchen.

Besser:

"Willkommen" oder „Guten Tag" ...

- „Darf ich Ihnen schon etwas Bestimmtes zeigen?"
- „Suchen Sie etwas Bestimmtes?"
- „Darf ich mir für Sie Zeit nehmen?"

- „Darf ich Ihnen noch etwas Zeit lassen, sich in Ruhe umzuschauen, oder haben Sie schon eine konkrete Frage?"

Kunde: „Danke, ich möchte mich erstmal umschauen."

Verkäufer: „Sehr gerne, bei Fragen bin ich jederzeit gerne für Sie da!"

14. „Eigentlich"

Siehe Punkt 10.

15. Mit den Augen rollen

Sie wissen ja mittlerweile, dass mehr als 80 % der Kommunikation von den nonverbalen Faktoren abhängen. Also eben auch von der Haltung, der Mimik, der Gestik, dem Blickkontakt etc. und viel weniger vom Inhalt des Gesagten.

Arbeiten Sie gerne mit Menschen zusammen? Kunden sind übrigens auch Menschen, und ich garantiere Ihnen, wenn Sie Menschen mögen, ihnen das auch zeigen und gerne ihre Probleme lösen oder ihre Wünsche erfüllen, dann werden Sie auch verkaufen. Wenn nicht, tun Sie sich, dem Unternehmen und den Kunden keinen Gefallen.

16. „Das machen wir nicht"

Wenn Sie einen Service nicht anbieten, dann erklären Sie dem Kunden bitte, warum nicht und empfehlen eine andere Lösung. Hier eventuell auch den Mitwettbewerber empfehlen. Es könnte dazu führen, dass er Sie auch empfiehlt. Wer empfohlen werden will, muss erst einmal selbst Empfehlungen aussprechen.

17. „Sie sollten ..."

Besser: „Ich empfehle Ihnen ..."
Sprechen Sie klare Empfehlungen aus und begründen Sie diese. Der Kunde freut sich über eine ehrliche Meinung. Ob er Ihrer Empfehlung folgt oder nicht, ist nicht so wichtig. Der Kunde hat immer die Wahl, Ihre Empfehlung hilft ihm, eine Entscheidung zu treffen.

18. Auf die Uhr schauen

Besser kann man dem Kunden nicht signalisieren, dass er stört.

19. Seufzen
Siehe Punkt 6.

20. „Haben wir nicht"
Siehe Punkt 16.

21. Fachchinesisch

Fachsimpelei behindert den Verkauf an den Endverbraucher. Auch hier gilt: Machen Sie es einfach, nicht kompliziert. Es sei denn, der Kunde beginnt damit und möchte so sicherstellen, dass er einen fachlich versierten Ansprechpartner hat.

Im B2B-Bereich sieht es etwas anders aus. Da gehört Fachsimpelei oft dazu.

22. „Da ist der Kollege zuständig"
Siehe Punkt 2.

23. „Ist das alles?"

Besser: „Was darf ich außerdem noch für Sie tun?" oder „Womit kann ich Ihnen noch eine Freude machen?" Zusatzverkäufe werden so eingeleitet.

24. „Könnte"
Siehe Punkt 10.

25. „Sie müssen ..."

Der Kunde muss gar nichts! Der Kunde ist auch nicht dazu da, Ihre Erwartungen zu erfüllen. Sprechen Sie besser eine Empfehlung aus. Dann kann der Kunde wählen, ob er ihr folgen möchte oder nicht. Geben Sie ihm immer das Gefühl, die Wahl zu haben. Durch Ihre

Empfehlung lenken Sie die Entscheidung des Kunden in eine bestimmte Richtung.

Serviceorientierte Kommunikation kann man lernen! Üben Sie, probieren Sie neue Sätze einfach mal aus und lassen Sie sich überraschen, wie die Kunden reagieren.

Seien sie klar in der Sache – und auffallend freundlich zum Menschen!

NONVERBALE KOMMUNIKATION

Neben dem Inhalt eines Gesprächs kommt es vor allem auf die Art des Gesagten und das nonverbale Verhalten an.

Der Körper ist niemals stumm. Wenn Menschen zusammenkommen, reden sie miteinander – auch wenn sie nicht sprechen.

Was ist alles nonverbale Kommunikation?

Zum Beispiel:
Gesichtsausdruck, Mimik, Gestik, Augenkontakt, Blickrichtung, Körperhaltung, Berührungen, Kleidung, Schmuck, Frisur, Distanz, Geruch.

Immer mit dabei sind auch die Rahmenbedingungen.- Tonfall, die Mimik, die Gestik und der Zeitpunkt spielen in der Kommunikation eine wesentliche Rolle.

- **Tonfall**
  Laut
  Leise
  Charmant
  Monoton

- **Mimik**
  Augenkontakt
  Lächeln
  Ernst
  Fassadenhaft

- **Kontext** (Zeitpunkt)
  Mit Termin
  Zwischendurch
  mit/ohne Zuhörer(n)

- **Vorgeschichte**
  Neutral
  Es gab schon häufiger
  Unstimmigkeiten
  Es ist alles in Ordnung

Doch warum ist die nonverbale Kommunikation so wichtig in der zwischenmenschlichen Beziehung?

Wenn Ihre verbale und nonverbale Sprache nicht kongruent ist, also deckungsgleich ist, dann muss sich Ihr Gegenüber entscheiden, wem er glaubt. Ihre Körpersprache oder den Worten, die aus ihrem Mund kommen.

Und wir entscheiden uns in so einem Fall immer für die nonverbale Sprache.

Wenn Sie also zum Kunden sagen: „Schön Sie zu sehen". Dann muss man Ihnen das nonverbal auch ansehen, dass Sie sich freuen den Kunden zu sehen.

„Wer nicht lächeln kann,

sollte kein Geschäft eröffnen."

(chinesisches Sprichwort)

DIE FÜNF PHASEN IM VERKAUFSGESPRÄCH

1. Kontakt-Phase
- Begrüßung
- Small Talk

2. Bedarfsanalyse
- Kundenbedarf klären
- Fragenstruktur

3. Produktpräsentation
- Kundennutzen formulieren

Interessent

Interessent

Interessent

4. Verhandlungsphase
- Konditionen klären
- letzte Vereinbarungen

Kunde

5. Abschlussphase
- Abschluss erzielen
- Verabschiedung

+ Nachbetreuungsphase
- Kundenbeziehungen ausbauen
- Empfehlungsmarketing einbauen
- Beschwerdemanagement

1. Kontakt-Phase

- Begrüßung
- Small Talk

Eher mittelmäßige Verkäufer gehen oft mit folgender Einstellung in Verkaufsgespräche:
„Mal schauen, wie das Gespräch läuft."
Anders ist dies bei Verkäufern, die sich z.b. der Macht des ersten Eindrucks bewusst sind. Sie versuchen, das Gespräch zu führen. Sie wissen zudem, dass für das "Ja" des Kunden der **erste und der letzte Eindruck besonders wichtig** sind. Also versuchen sie, diese Eindrücke gezielt zu gestalten. Denn so verschieden Verkaufsgespräche auch verlaufen, zwei Dinge haben sie alle gemeinsam: einen Anfang und ein Ende. Also sind diese Momente planbar.

Vom ersten Eindruck hängt ab, wie viel Sympathie, Vertrauen und Aufmerksamkeit der Kunde dem Verkäufer schenkt. Small Talk bedeutet auf Deutsch etwa so viel wie ein Schwätzchen halten und **es sollte eine Konversation ohne Bezug zum eigentlichen Gesprächsziel sein.**

Dennoch ist der Small Talk ein wichtiges Instrument im Verkaufsgespräch. Er lockert die Atmosphäre auf und bietet einen optimalen Einstieg zum gemeinsamen Kennenlernen. Es wird eine gemeinsame

Gesprächsebene aufgebaut und der erste Eindruck vom Unternehmen und Ihnen als Person festigt sich.

Doch wie entsteht der erste Eindruck? Indem S ie z.B. die Begrüßung auffallend freundlich gestalten und beim Small Talk über mehr als nur über das Wetter reden können. Denn mit Langweilern unterhält sich niemand gern.

Übrigens gibt es zwei Themen, die Sie hier ausklammern sollten. Es sind die Themen „Religion" und „Politik". Hier lauern etliche Fettnäpfchen. Sammeln Sie lieber wichtige „nebensächliche" Informationen, die Ihnen später im weiteren Gespräch von Vorteil sein könnten.

Wissen Sie, wann man Sie als einen angenehmen Gesprächspartner empfindet? Wenn Sie einen deutlich geringeren Gesprächsanteil an der Gesamt-Kommunikation haben. **Die meisten Verkäufer reden zu viel.** Einige bringen sich damit sogar um den Abschluss. Lassen Sie also reden und seien Sie ein guter Zuhörer.

Ein guter Verkäufer verfügt über die Fähigkeit zuzuhören!

2. Bedarfsanalyse

- Kundenbedarf klären
- Fragenstruktur

Die wichtigste Phase im Kundengespräch ist nicht die Produktpräsentation, sondern die Bedarfsanalyse mit der Analyse der Kundenwünsche und der Kundenerwartungen. Hier legen Sie den Grundstein für einen erfolgreichen weiteren Verlauf des Gesprächs. **„Denken Sie daran: Es heißt Verkaufsgespräch, nicht Verkaufsmonolog!"** Die meisten Verkäufer reden zu viel und Fragen zu wenig!

Sicher haben Sie den Satz „Wer fragt, der führt!" schon einmal gehört. Sie werden feststellen, dass Sie allein mit den richtigen Fragen eine vertrauensvolle und offene Atmosphäre erzeugen. Und Sie werden spüren, dass Sie weniger Energie verbrauchen, denn das Reden strengt an. Sparen Sie Ihre Energie für das aktive Zuhören.

Beispiel-Fragen:
- Was interessiert Sie denn speziell?
- Was ist Ihnen besonders wichtig?
- Wozu benötigen Sie das Produkt?
- Welche Erfahrungen haben Sie bisher damit gemacht?
- Was muss das Produkt leisten können?
- Haben Sie sich bereits über XY informiert?
- Was muss XY denn können?
- Worauf legen Sie sonst noch Wert?

Die zwei wichtigsten Fragen in der Bedarfsanalyse sind:

- Wenn Sie an … denken, was ist da für Sie das Wichtigste?

- Gibt es außerdem noch etwas, was Ihnen wichtig ist?

Mit diesen zwei Fragen erfahren Sie meistens die emotionalen und rationalen Gründe, warum ein Kunde kaufen möchte.

Beispiele:
„Wenn Sie daran denken…

- Ihr Haus zu renovieren,
- ein neues Fahrrad zu kaufen,
- Ihre Hochzeit bei uns zu feiern,
- sich ein neues Auto anzuschaffen,
- Ihre Gesundheit zu fördern,
… was ist dann das Allerwichtigste für Sie?"

„Und gibt es außerdem noch etwas, was für Sie wichtig ist?"

Wenn Sie diese Fragen so bisher noch nicht gestellt haben, dann werden diese beiden Fragen Ihr Verkaufsgespräch deutlich verbessern. Üben Sie also wie diese Fragen sich in Ihrer Branche anhören.

Fragen im Verkaufsgespräch

Durch geschicktes Fragen bestimmt der Verkäufer gezielt das Verkaufsgespräch. Er kann die benötigten Informationen zum Kundenbedarf ermitteln und somit gezielt auf Kundenwünsche eingehen.

Setzen Sie die unterschiedlichen Fragentypen zur Ermittlung des Kundenbedarfs gezielt ein:

Frageform: Offene Frage

Erläuterung:
Frage, auf die nicht einfach mit „Ja" oder „Nein" geantwortet werden kann. Auch sogenannte „W"-Fragen. Wie, Was, Worauf, Wann, Wieviele etc.

Auf eine „W"-Frage sollten Sie im Kundenkontakt lieber verzichten, und zwar ist das die „Warum"-Frage. Diese Frageform bringt den Gesprächspartner eher in die Rechtfertigung und das fühlt sich nicht so gut an.

Verwendung:
- Der Gesprächspartner wird dazu aufgefordert, aktiv seine Meinung zu äußern.
- Mit dem Kunden ins Gespräch kommen
- Signalisiert Interesse
- Bringt wichtige Informationen zutage

Risiken:
- Gesprächspartner schweift vom Thema ab
- Gesprächspartner weiß nicht, was er erwidern soll
- Überforderung des Gesprächspartners

Beispiel:
„Worauf legen Sie bei Ihrer neuen ... am meisten Wert?"

Offene Fragen sind in der Bedarfsanalyse ein wichtiges Tool zur Bedarfsklärung!

Frageform: Geschlossene Frage

Erläuterung:
Primär bei Entscheidungsfragen, die nur mit „Ja" oder „Nein" beantwortet werden können, einzusetzen

Verwendung:
- Klärung von Details
- Sachliche Informationen
- Klärung von Fachfragen
- Gezieltes Herausfinden des Kundenwunsches

Risiko:
- Gefahr von vorzeitiger Negativentscheidung

Beispiel:
„Wollen Sie noch in diesem Jahr starten?"

oder

„Darf ich das so für Sie vorbereiten?"

Die geschlossene Frage ist insbesondere als Abschlussfrage sinnvoll!

Frageform: Alternativfrage

Erläuterung:
Lässt dem Befragten die Alternative zwischen zwei oder mehr Möglichkeiten

Verwendung:
- Vorwegnahme von Einverständnis
- Ausschluss von (unerwünschten) Optionen

Risiko:
- trotz vermeintlicher Entscheidungsfreiheit Gefahr des Überrumpelns

Beispiel:
„Geht es bei Ihnen am Montagvormittag oder besser am Dienstag?"

Die Alternativfrage eignet sich sehr gut, um die nächsten Schritte zu vereinbaren. Ihre bevorzugte Option sollte als letztes genannt werden. Die Chance, dass die zweite Option genommen wird, ist einfach größer. In diesem Beispiel also der Dienstag.

Weitere Frageformen im Verkaufsgespräch sind:

Die Suggestivfrage oder rhetorische Frage

Diese Frageform stößt bei Ihrem Gegenüber schnell auf Ablehnung, da der Kunde die Manipulation schnell durchschaut. Daher lieber darauf verzichten.

Beispiel:
„Bei Ihnen steht die Sicherheit Ihrer Familie doch auch an erster Stelle, richtig?"

Die Gegenfrage

Die Gegenfrage ist richtig angewandt, durchaus ein wichtiges Tool in Ihrem kommunikativen Werkzeugkasten. Sie erfahren Detailinformationen und gewinnen etwas Zeit.

Beispiel:

Frage: „Warum ist die Anlage so teuer?"

Gegenfrage: „Welche Ausstattungsvariante meinen Sie denn genau?"

Am Ende der Bedarfsanalyse kommt nun die Zusammenfassung der Ziele und Erwartungen des Kunden mit Ihren eigenen Worten (paraphrasieren: Wiederholung der empfangenen Botschaft mit den eigenen Worten, um ein Einverständnis zu erreichen) und erst dann geht es an die Produktpräsentation.

Versichern Sie sich, dass das, was bei Ihnen angekommen ist, auch das ist, was der Kunde gemeint hat. Zu häufig gehen wir davon aus, dass wir schon wissen, was der Kunde will. Schaffen Sie Klarheit. Zeigen Sie dem Kunden dadurch, dass Sie ihn ernst nehmen und verstehen wollen.

Überprüfen Sie, ob Sie den Kunden verstanden haben. Das können Sie tun, indem Sie mit Ihren eigenen Worten wiederholen, was der Kunde gesagt hat.

- Sie wiederholen mit Ihren eigenen Worten
- Sie bestätigen aus Ihren eigenen Erfahrungen
- Sie zeigen Verständnis
- Sie geben positive Rückmeldungen

Beispiel:

"Wenn ich Sie richtig verstanden habe, ist es Ihnen besonders wichtig, dass Sie eine hohe Flexibilität in der Warenlogistik haben und auch die Nachhaltigkeit in der Lieferkette ein wichtiger Punkt bei Ihnen ist, habe ich das so richtig verstanden?"

Der Besucher soll merken, dass Sie seinen Aussagen aufmerksam zuhören, sie wertschätzen und anerkennen. Die Gesprächsatmosphäre wird dadurch lockerer und Sie werden feststellen, dass Sie mit dieser Technik nahezu alles erfahren, was dem Besucher wichtig ist. Dieses sind dann Ihre Argumente in der kundenorientierten Produkterklärung.

Geben Sie nicht nur Rückmeldung zu sachlichen Inhalten, sondern auch auf der Beziehungsebene. Sie können auch auf emotionale Signale reagieren, wenn Sie zum Beispiel wahrnehmen, dass Ihr Kunde unsicher ist. „Ich habe das Gefühl, dass Sie noch unsicher sind, weil ein bestimmter Punkt noch nicht geklärt ist. Liege ich da richtig?"

Ab der Bedarfsanalyse sollten Sie sich für jeden weiteren Schritt im Verkaufsprozess bis zum Abschluss das Einverständnis beim Kunden abholen.

Frei nach Konrad Lorenz, Verhaltensforscher:

„Verstanden heißt noch lange nicht einverstanden."

Dieses Einverständnis müssen Sie sich nun vor jedem weiteren Schritt abholen. Nur dann wird der Kunde Ihnen weiter im Prozess folgen. Wenn Sie den Kunden verlieren, weil Punkte nicht geklärt sind, werden diese Sie im Laufe des Gesprächs wieder einholen und es werden Vorwände kommen, um das Eigentliche nicht mehr anzusprechen.

Sie haben Ihr Verständnis,

der Kunde hat sein Verständnis,

und zusammen brauchen sie ein Einverständnis!

Einfache Möglichkeiten, sich ein Einverständnis beim Kunden abzuholen sind zum Beispiel:

- Ist das OK für Sie?
- Haben Sie dazu noch Fragen?
- Habe ich das richtig verstanden?
- Ist es das, was Sie sich vorgestellt haben?
- Konnte ich Ihre Frage damit klären?

Überlegen Sie sich, in welcher der fünf Phasen sind Sie besonders sicher und wo sind Sie eher unsicher. Wo stockt das Gespräch und wo verlieren Sie Ihre Kunden. Vielleicht lag es am mangelnden Einverständnis mit dem Kunden in der Phase davor?

Die wichtigste Phase im Kundengespräch, ist die Analyse der Kundenwünsche und Kundenerwartungen!

3. Produktpräsentation
   ## - Kundennutzen
   ## - Produktnutzen

Wenn Sie in der Analysephase Vertrauen aufgebaut und Informationen über die Vorstellungen, Motive und Werte des Kunden gesammelt haben, können Sie Ihre Produkte bedarfsgerecht und individuell vorstellen.

Alles, was Sie nun sagen, hat einen Bezug zum Kunden und seinen Erwartungen. Das spürt der Kunde. Er kann sich nun vollkommen mit dem Produkt oder der Leistung identifizieren und seinen persönlichen Nutzen erkennen. Dabei können Sie ihn unterstützen.

Verbinden Sie den Nutzen Ihres Angebots mit den Informationen, die Sie in der Analysephase gesammelt haben. Zum Beispiel: „Sie haben vorhin erwähnt, dass Ihnen die Flexibilität sehr wichtig ist. Daher empfehle ich Ihnen die Verwendung von XY.
Das bedeutet für Sie ..."

Beschränken Sie sich auf das Wesentliche. Weniger ist mehr. Verschonen Sie den Kunden mit unnötigen Details, vor allem wenn sie technischer Natur sind.
Drücken Sie sich so aus, dass der Kunde Sie versteht.
Sprechen Sie stattdessen über den direkten Nutzen.

Sprechen Sie in Bildern und Beispielen. Unser Gehirn nimmt diese Informationen viel besser auf als Zahlen oder Fachbegriffe; außerdem versteht der Kunde komplexe Zusammenhänge anhand von Beispielen leichter.

Der Kunde kauft übrigens immer auch aus emotionalen Gründen. Daher sollte Ihr Angebot bzw. Ihre Produktbeschreibung immer alle drei Kaufgründe abdecken:

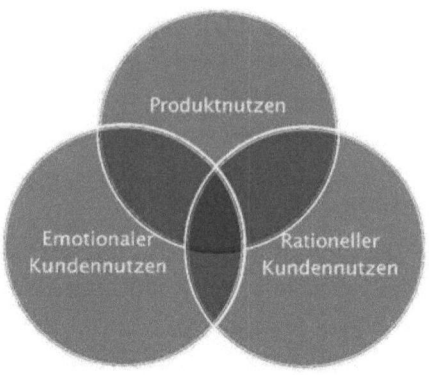

Tatsache ist, dass Kunden aus emotionalen Gründen kaufen, und den Kauf nachher mit rationellen Argumenten begründen.

In meinen Seminaren erlebe ich es immer wieder, dass Verkäufer den Produktnutzen sofort und ohne lange zu überlegen erklären können. Sobald sie aber einen rationellen oder emotionalen Kundennutzen formulieren sollen, wird es für viele schwierig.

Beispiel einer Kundennutzenerklärung aus der Fitnessbranche:

Keine Produktstärke ohne Kundennutzen!

Produktstärke - Rücken- und gelenkschonende Federung

Das bedeutet für Sie...
Das erhöht Ihre...
Das ermöglicht Ihnen...
Das steigert Ihre...

1. Nutzen - .... dass Sie bequem und sicher Radfahren werden, ohne eine Fehlbelastung für Ihren Rücken oder Gelenke

und das sage ich Ihnen, weil...   Kaufmotiv

2. Nutzen - .... dies gerade bei beginnender Arthrose besonders wichtig ist.

Beweise - .... zudem ist dieses Rad gerade Testsieger geworden.

für seine Behauptung anführen:
Referenzen, Zeitungsartikel,
Expertenzeugnisse, Statistiken,
Beispiele aus der Geschichte

4. Verhandlungsphase
- Konditionen
- Vereinbarungen

Achtung: Preise und Konditionen gehören ans Ende eines Verkaufsgesprächs!

„Was soll das denn nun kosten?"
Abhängig von der Branche und dem Produkt, fragen Kunden bisweilen gleich zu Beginn des Gespräches nach dem Preis.
Wenn der Verkäufer an dieser Stelle den Preis nennt, ist er oft unmittelbar im Preisgespräch oder in der Preisverhandlung. Der Verkäufer hat im Verkaufsprozess die wichtigsten Schritte übergangen. Wie bitte soll jemand ermessen, ob der Nutzen, den er erhält, seinen Preis wert ist, wenn er das Angebot noch gar nicht kennt? Jetzt wieder zurück in den Prozess zu kommen, der uns als Verkäufer Sicherheit gibt, wird schwer. Daher antworten Sie besser mit:

„Gerne. Damit ich Ihnen das genau sagen kann, habe ich noch ein paar Fragen an Sie, einverstanden?"

oder

"Bevor ich Ihnen jetzt gleich den Preis nenne, lassen Sie uns einmal sehen, welche Lösung für Sie genau die Richtige ist, ok?"

Und nun beginnen Sie mit der Bedarfsanalyse und finden mit den richtigen Fragen die Kundenwünsche und Kundenerwartungen heraus, fassen nochmal zusammen und gehen dann in die Produktpräsentation.

Wie sich Preiskompetenz zeigt

Preiskompetenz heißt, ausreichend Entscheidungsbefugnisse zu haben, um über Preise, Konditionen und Zugeständnisse effizient verhandeln zu können. Der Verkäufer muss sich in einem vorgegebenen Preiskorridor zwischen Ziel- und Minimumpreis ohne Rücksprache bewegen dürfen.

Rechtfertigen oder entschuldigen Sie nie die Höhe eines Preises. Achten Sie während des Preisgesprächs besonders auf Ihre körpersprachlichen Signale. Nicken Sie, wenn Sie den Preis nennen. Und überprüfen Sie immer wieder, wie Ihr Preisgespräch auf andere wirkt.

So mancher Verkäufer wird bei der Preisnennung unsicher, leise und entschuldigt sich fast für seine hohen Preise, senken dann schuldbewusst den Blick und warten stumm auf das „Urteil" des Kunden. Hiermit signalisieren sie nichts anders, als dass die Rabattschlacht losgehen kann.
Oder Sie rechtfertigen den Preis, mit den eigenen gestiegenen Kosten, den Gesetzesauflagen, Lieferkonditionen Dritter usw...

Nur das interessiert den Kunden nicht. Dem Kunden interessiert nur sein Nutzen am Produkt oder der Dienstleistung.

Preise nennen: Das sollten Sie dabei beachten

Legen Sie vor oder nach dem Preis nur dann eine Pause ein, wenn der Preis beeindrucken soll, denn Pausen unterstreichen die Bedeutung eines Arguments. Ansonsten nennen Sie den Preis immer zusammen mit einem Argument.

"Sie investieren ... und Sie erhalten dafür ..."

Nennen Sie dabei das für den Kunden wichtigste Argument kurz, knapp, präzise und benutzen Sie die Worte des Kunden. Jetzt bloß kein Redeschwall, nutzen Sie lieber eine rhetorische Pause!
Noch besser ist das 'Preis-Sandwich':

Argument – Preis – Argument

Das stärkste Argument kommt dabei zum Schluss.

Es ist unmöglich, die beste Qualität und den besten Service zum günstigsten Preis anzubieten. Und das wissen auch Ihre Kunden. Sie müssen sich also entscheiden, wer Sie sein wollen. Wollen Sie Premiumanbieter sein? Spitzenqualität verkaufen? Dann braucht das auch seinen Preis. Und Sie müssen preisglaubwürdig bleiben.

Eine hohe Qualität kostet nun mal. Und über den Preis kann man auch signalisieren: Das ist unsere Dienstleistung, das ist unser Produkt, und es hat seinen Preis. **Und wenn der Kunde dies so wahrnimmt, ist es seinen Preis auch wert – und damit preiswert!** Die Preiswaage im Kopf des Kunden bestimmt, ob ein Produkt als preiswert wahrgenommen wird oder nicht. Oft wird vom Preis-Leistungsverhältnis gesprochen, es müsste aber eher Preis-Nutzenverhältnis heißen. Denn der emotionale Kundennutzen ist die wichtigste Komponente bei einer Kaufentscheidung.

Weitere Tipps für Ihr Preisgespräch:

1. Weichmacher vermeiden

Welche davon verwenden Sie bisher selbst?

- „Eigentlich ist das schon der letzte Preis."
- „Normalerweise verlangen wir dafür 199 €."
- „Im Grunde sind unsere Preise fix."
- „Der Preis dafür beläuft sich auf 700 €."
- „Für die Maschine haben wir uns einen Preis von 20.000 € vorgestellt."
- „In der Ausführung kämen wir auf 500 €."
- „Beim Preis lässt sich wahrscheinlich nichts mehr machen."

Mit diesen Weichmachern öffnen Sie Tür und Tor für Verhandlungen! Achten Sie gerade bei der Preisnennung auf eine klare und freundliche Ausdrucksweise.

2. Der Preisanker-Effekt

Wie verkauft man eine 3.000 Euro Uhr am besten? Direkt neben einer 10.000 Euro Uhr! Sie beeinflussen damit unbewusst die Wertevorstellungen des Kunden. Der Preisanker-Effekt funktioniert in allen Branchen. Haben Sie also neben dem eigentlichen Produkt, das Sie verkaufen möchten, immer auch eine Premiumvariante im Angebot.

3. Tendenz zur Mitte

Eine gute Strategie ist die, dem Kunden drei Alternativen mit unterschiedlichen Preisen zu nennen.

So hat der Kunde das Gefühl selbst zu entscheiden. Was er ja auch macht. Allerdings haben Untersuchungen ergeben:

Werden alle drei Varianten neutral präsentiert, entscheiden sich Kunden meist für die mittlere. Denn in der Mitte liegt man am wenigsten falsch.

Werden hingegen nur zwei Lösungen präsentiert, entscheiden sich die meisten Kunden für die günstigere.

4. Die richtigen Wörter nutzen

Sagen Sie nicht:

„Die Kosten dafür sind …"

„Dafür müssen Sie X € bezahlen."

„Das kostet X €."

„… eine monatliche Zahlung in der Höhe von …"

Wenn Sie diese Worte und Ausdrücke im Rahmen der Preisnennung verwenden, erwecken Sie damit negative Assoziationen.

Verwenden Sie stattdessen neutrale oder positive besetzte Ausdrücke wie:

„Die Investition dafür beträgt …"

„Dafür investieren Sie …"

„In der Ausführung kommen wir auf …"

„Das macht dann monatlich nur …"

Einwände/Vorwände

Definition aus dem Lehrbuch:

„Ein Vorwand ist ein vorgeschobenes Argument und hat mit den wirklichen Einwänden des Kunden nichts zu tun."

Bei dieser Definition geht der Verkäufer also davon aus, dass der Kunde nicht die Wahrheit sagt. Selbst der beste Verkäufer hat Mühe, seine Emotionen im Griff zu halten, wenn er das Gefühl hat, angelogen zu werden. Meist möchte man den Kunden dann „entlarven", dieser wird sich aber „wehren" und ein Verkaufsabschluss gerät somit in weite Ferne.

Dabei ist es doch völlig irrelevant, ob es sich um einen Einwand oder einen Vorwand handelt.

Es ist das, was der Kunde zum jetzigen Zeitpunkt bereit ist, von sich preiszugeben. Wichtig ist nun, gemeinsam mit dem Kunden nach einer Lösung zu suchen, und nicht zu versuchen, ihn mit Gegenargumenten „festzunageln".

Mit folgenden zwei Schritten können Sie den Druck oder die Spannung aus dem Gespräch nehmen. Und zwar unabhängig davon, ob es sich um einen Vorwand oder Einwand handelt.

1. Aktives/analytisches Zuhören

Aktives Zuhören ist keine Methode oder Technik, sondern eine innere Einstellung.

Hilfreich ist hier das paraphrasieren, also das, was Sie verstanden haben, mit den eigenen Worten wiedergeben. Es zeigt Ihrem Gegenüber, dass Sie nicht nur zuhören, sondern dass es Ihnen wichtig ist, es auch zu verstehen.

Nicht schon innerlich die Antworten überlegen und nicht sofort antworten.

2. Verständnis signalisieren

- „Gut, dass Sie das ansprechen."
- „Danke, dass Sie das jetzt ansprechen."
- „Das ist eine wichtige Frage, die Sie da stellen."

Diese Punkte verhindern, dass Sie in einen verbalen Schlagabtausch geraten. Der Kunde muss sich nicht rechtfertigen, und Sie können weiter auf Augenhöhe mit dem Kunden nach Lösungen suchen.

Einwände/Vorwände bedeuten:

- Die Erwartungen des Kunden wurden nicht erfüllt.
- Es wurde kein Vertrauen aufgebaut.
- Der Kunde vergleicht Ihr Angebot mit anderen Leistungen.
- Der Kunde fühlt sich unter Druck gesetzt.

Beispiele einer kunden- und serviceorientierten Einwandbehandlung:

Einwand/Vorwand:

„Ich muss noch einmal eine Nacht darüber schlafen."

„Frau Meier, das kann ich gut verstehen und es ist ja auch eine wichtige Entscheidung. Ich habe das Gefühl, dass Ihnen XY gut gefallen hat, oder...? Gibt es denn noch offene Punkte, die ich vergessen habe anzusprechen?"

Alternativ:

„Herr Müller, das kann ich gut verstehen und das ist ja auch eine wichtige Entscheidung. Ich habe das Gefühl, dass es Ihnen XY gut gefallen hat, oder...? Welche Informationen fehlen Ihnen noch, damit Sie eine Entscheidung treffen können?"

Einwand/Vorwand:

„Wir sind mit unserem bisherigen Lieferanten zufrieden."

- Prima, wenn Sie wieder Bedarf haben, dann richten Sie gerne auch eine Anfrage an uns. So können Sie vergleichen.

- Davon gehe ich aus, Herr/ Frau ... erfreulicherweise sagen unsere Kunden das auch oft. Dennoch testen gerade unsere besten Kunden von Zeit zu Zeit den Wettbewerb.

- ...dennoch raten wir unseren besten Kunden immer wieder, dann und wann die Angebote unserer Mitbewerber einzuholen, um zu sehen, ob sie noch von uns am besten bedient werden.

- ...die meisten unserer Kunden waren mit dem zufrieden, was sie hatten. Es gab jedoch viele gute Gründe, um zu uns zu wechseln, z. B. ...

Einwand/Vorwand:

„Wir denken noch darüber nach."

- Wann wird die Entscheidung fallen?
- Welche Informationen benötigen Sie noch?
- Wer ist noch an der Entscheidung beteiligt?

Weitere Einwände/Vorwände:

„Wir haben uns für die Konkurrenz entschieden."

Schade, was ist der genaue Grund?

Wie können wir in Zukunft miteinander ins Geschäft kommen?

„Dafür ist mein Kollege zuständig."

Wie ist sein Name, seine Durchwahl und wann ist die beste Zeit, ihn zu erreichen?

„Schicken Sie mir erst einmal die Unterlagen."

Selbstverständlich, gerne. Ich habe noch eine Frage, damit ich die Unterlagen gezielt für Sie zusammenstellen kann. Ist das ok?

„Sie sind zu teuer."

- Gut, dass Sie das jetzt ansprechen. Ich habe das Gefühl, dass Ihnen Produkt XY gut gefallen hat, oder? Wenn es also um den Preis geht, dann lassen Sie uns eine Lösung finden, mit der wir beide gut leben können. Gibt es denn außerdem noch Punkte, die Ihnen wichtig sind und die wir klären sollten?

- Gut, dass Sie das jetzt ansprechen. Ich habe das Gefühl, dass Ihnen Produkt XY gut gefallen hat, oder? Was hatten Sie sich denn vorgestellt?

- Denken Sie, wenn Sie den Preis vergleichen, an ein ähnliches Produkt, das weniger kostet?

Alternativ:

Bei dem Einwand „zu teuer" wird oft gesagt, man solle nicht fragen, was der Kunde sich vorgestellt hat. Da frage ich mich, warum? Hat man Angst vor der Antwort?

„Gut, dass Sie das jetzt ansprechen. Ich habe das Gefühl, dass Ihnen unser Produkt gut gefallen hat, oder? Was hatten Sie sich denn vorgestellt?"

Für mich ist das meine Lieblingsfrage bei dem Argument „zu teuer". Es gibt doch nur zwei Möglichkeiten. Entweder sagt der Kunde einen Preis der nahe dran ist, an meiner Preisvorstellung. Dann könnten wir über Ausstattungsvarianten oder Zugeständnisse in den Zahlungs- oder Lieferbedingungen sicher eine Lösung finden.

Oder der Kunde sagt einen Preis, der so weit weg ist von unserer Preisvorstellung, dass wir da nicht zueinander finden. Und dann muss ich im Rahmen meiner Preisglaubwürdigkeit dies auch so kommunizieren.

Zum Beispiel so:

„Lieber Kunde, die Produktvariante, die ich Ihnen vorgestellt habe in der Sonderausführung YZ ist für den Preis so nicht darstellbar. Da bitte ich um Ihr Verständnis. Gerne schaue ich mit Ihnen gemeinsam nach einer optionalen Variante, einverstanden?"

Oder Ihr Kunde sagt/schreibt:
„Nachdem wir nun alle Angebote geprüft und miteinander verglichen haben, ist Ihr Angebot in die engere Wahl gekommen. Sie haben gute Chancen den Auftrag zu erhalten. Allerdings müssen wir noch ernsthaft über den Preis reden."

Stellen Sie Ihrem Kunden in diesem Fall drei Fragen:

- 1. „Entspricht denn unser Produkt – abgesehen vom Preis – genau Ihren Vorstellungen?"

- 2. „Abgesehen vom Preis – sind alle anderen Fragen wie Lieferzeit, Transportkosten, Zahlungsbedingungen geklärt?"

- 3. „Das heißt, wenn wir eine Lösung für den Preis finden, dann kann ich heute mit dem Auftrag rechnen?"

Je vorbereiteter Sie in das Gespräch gehen, desto souveräner werden Sie auf solche Einwände reagieren können.

Zum Beispiel so:

- Stimmt! Es handelt sich um ein hochwertiges Produkt!
- Was genau meinen Sie mit „zu teuer"?
- Gibt es außer dem Preis noch Punkte, die wir klären müssen?
- Was meinen Sie, woran die anderen sparen?

Letztlich hängt die passende Antwort auf den Einwand „zu teuer" von der Beziehung zwischen Ihnen und Ihrem Kunden und vor allem auch von Ihnen selbst ab.

Der beste Einwand ist der, den der Kunde erst gar nicht hat. Dies schaffen Sie mit den sogenannten vorweggenommenen Einwänden. Schreiben Sie alle Einwände und Vorwände auf und überlegen Sie, wie Sie reagieren möchten. Gute Verkäufer kennen die Einwände und Vorwände Ihrer Kunden und lassen sich dadurch nicht mehr aus dem Konzept bringen. Oder noch besser, Sie verwenden vorweggenommene Einwände.

Beispiele für vorweggenommene Einwände oder Vorwände:

Einwand/Vorwand: Zu teuer

Liebe Kunde, bei diesem Produkt sind mir, was etwaige Preisnachlässe angeht, die Hände gebunden.

oder

Lieber Kunde, bei diesem Produkt habe ich preislich keinerlei Spielraum.

Einwand/Vorwand: Keine Zeit

Liebe Kunde, wann möchten Sie das Produkt bei sich im Haus einsetzen?

oder

Lieber Kunde, wie oft möchten Sie das Produkt in der Woche nutzen?

Vorwand: Nochmal drüber schlafen

Lieber Kunde, wie lange überlegen Sie schon, sich XY zuzulegen?

Vorwand: „Ich bin mir nicht sicher, ob es das Richtige ist."

Liebe Kunde, ist es das, was Sie sich vorgestellt haben?

Wichtig:
Die vorweggenommene Einwandbehandlung findet in der Bedarfsanalyse, in Nebensätzen, statt. Sie wird nur beiläufig erwähnt, ohne dass der Sprachfluss unterbrochen wird.

5. Abschlussphase

- **Abschluss erzielen**
- **Verabschiedung**

Abschluss erzielen

Häufig unterbleiben eindeutige Kaufsignale. Hier sollten Sie einen anderen Weg finden, um festzustellen, wo Sie im Verkaufsgespräch stehen. Ein guter Verkäufer muss jedoch auch ein „Nein" des Gesprächspartners akzeptieren können. Wobei ich hier gerne den wahren Grund wüsste, warum der Kunde nicht kauft (siehe Einwände/Vorwände).

Sie sollten auch niemals mit Druck ein Verkaufsgespräch zum Kaufabschluss bringen wollen. Geben Sie dem Kunden immer das Gefühl, die Wahl zu haben. Wenn der Interessent sich von Ihnen unter Druck gesetzt fühlt, wird er Ihnen unter Umständen zwar den Abschluss geben, aber im selben Moment tritt die sogenannte „Kaufreue" ein und der Kunde wird versuchen das Geschäft rückgängig zu machen.

Die verschiedenen Abschlusstechniken sollten individuell je nach Gesprächstyp und Gesprächsverlauf eingesetzt werden.

Teilentscheidungen herbeiführen

Legen Sie ihm Entscheidungen in Teilbereichen Ihres Angebots vor. Dadurch hat der Gesprächspartner nicht das Gefühl, sich sofort umfassend für eine Sache entscheiden zu müssen. Er beginnt aber schon einmal mit dem Prozess des Entscheidens. Er baut weitere Sympathien für Ihr Angebot auf, wenn er es in Teilen schon akzeptiert hat.

Beispiele:
Verkäufer: „Die Farbe des Wagens kommt Ihren Vorstellungen doch entgegen?"
Kunde: „Sicher, die Farbe würde gut passen."

Verkäufer: „Sie würden sicher das Modell mit der stärkeren Motorisierung benötigen, oder?"
Kunde: „Ja, das wäre sinnvoll."

Verkäufer: „Im August haben wir noch Termine frei."
Kunde: „Das würde bei mir gut passen."

Alternativfrage stellen
Der Interessent wird nicht mehr gefragt, ob er kaufen will, sondern es werden ihm in der Frage verschiedene Lösungswege angeboten.
Verkäufer: „Passt es Ihnen diese Woche noch oder lieber in der nächsten Woche?"

Zusammenfassungstechnik (Paraphrasieren)
Fassen Sie am Ende des Verkaufsgesprächs noch einmal alle wesentlichen Aussagen des Gesprächspartners - vor allem positive Teilentscheidungen oder Zusagen - zusammen.
„Frau Meier, fassen wir noch einmal zusammen..."

Zum Schluss das Gesprächsziel nicht aus den Augen verlieren!

Ist das Ziel der Verkauf?
Dann muss eine Abschlussfrage kommen!
„Darf ich das so für Sie vorbereiten?"
„Möchten Sie die Standard- oder Premiumvariante?"
„Ich habe das Gefühl es passt – Sie auch?"
„Wollen wir das so machen?"

Machen Sie es dem Kunden so leicht wie möglich zu kaufen. Nicht auf den letzten Metern noch den Kunden durch komplizierte administrative Vorgänge oder Zahlungsbedingungen verlieren.

Die Kunst ist, die Dinge einfach zu machen, kompliziert machen kann jeder.

Ist das Ziel ein weiterer Termin?
Dann muss der nächste Termin direkt vereinbart werden!

Ist das Ziel ein qualifizierter Kontakt?
Dann müssen die Kontaktdaten ausgetauscht werden.

Hat der Kunde gekauft oder unterschrieben ist ganz wichtig, dass die Stimmung jetzt nicht abfällt. Jetzt ebnen Sie bereits den Weg für den nächsten Punkt.

Die Verabschiedung

Bei der Verabschiedung ist das Wichtigste, dass die Stimmung weiter oben bleibt, sich bestenfalls sogar noch steigert. Auf keinen Fall darf die Stimmung nach dem Kauf oder nach der Unterschrift kippen. Wenn Sie können, schaffen Sie gemeinsam mit dem Kunden einen positiven Ausblick in die Zukunft und bestätigen den Kunden nochmal in seiner Wahl.

Haben Sie einen Preisnachlass gewährt, oder gab es eventuell eine Draufgabe, dann gönnen Sie Ihrem Kunden ruhig nochmal das Gefühl ein guter Verhandler zu sein, indem Sie das auch noch einmal so formulieren.

Der erste Eindruck zählt, der letzte Eindruck bleibt.

Nachbetreuungsphase

- **Kundenbeziehungen ausbauen**
- **Empfehlungsmarketing einbauen**
- **Beschwerdemanagement**

Kundenbeziehungen ausbauen

Unter dem Begriff Kundenbindung werden Maßnahmen zusammengefasst, die über die reine Kundenorientierung beziehungsweise die Zufriedenstellung des Kunden hinausgehen. Das Ganze verfolgt dabei ein Ziel: Die Laufkundschaft in einen Stammkundenkreis zu verwandeln.

Neben Ihren reinen Serviceleistungen (siehe auch Buchempfehlung auf Seite 94!) können folgende Maßnahmen sinnvoll sein, um die Kundenbeziehungen auszubauen:

- **Kundenumfragen**
- **Stammkundenveranstaltungen**
- **Stammkundenangebote**
- **Kundenforum**
- **Kundenempfehlungen**
- **Stammkundenservice**
- **Bonusprogramme**
- **Kundenkarten**
- **Freundschaftswerbung**

Noch wichtiger als die Bindung einzelner Personen ist jedoch die kostenlose Werbung in Form von Mundpropaganda, von der Anbieter von Dienstleistungen oder Produkten profitieren. Wer von einem Produkt positiv überrascht wurde, teilt seine Erfahrungen mit Freunden und Familie – eine positive Nebenwirkung, die von Unternehmern oftmals unterschätzt wird. Das Empfehlungsmarketing!

Empfehlungsmarketing

Empfehlungen zufriedener Kunden erleichtern jede noch so kleine Entscheidung und tragen zur Neukundengewinnung bei. Als kostengünstiges Marketinginstrument eingesetzt, kann Empfehlungsmarketing den Absatz von Produkten und Dienstleistungen enorm erleichtern. Geschickt genutzt, können online wie offline neue innovative Formen des Weiterempfehlens entstehen. Ein Kunde, der aufgrund einer Empfehlung zu Ihnen kommt, gibt Ihnen bereits einen Vertrauensbonus.

1. Beginnen Sie selbst mit dem Weiterempfehlen

Werden Sie zunächst selbst als Empfehler aktiv. Suchen Sie nach empfehlenswerten Leistungen in Ihrem Umfeld und beginnen Sie, Empfehlungen auszusprechen. Zudem steigen die Chancen, dass diejenigen, die von Ihnen weiterempfohlen werden, sich ihrerseits mit Mundpropaganda bedanken.

2. Bauen Sie gezielt Empfehlungselemente ein

„Wenn Sie zufrieden waren, empfehlen Sie uns bitte weiter." Viele trauen sich nicht diesen Satz auszusprechen. Das hat aber nichts mit Bittstellertum oder Ähnlichem zu tun. In der Verkaufspsychologie nennt man das einen hypnotischen Befehl. Wenn dieser Kunde zufrieden war und irgendwann gefragt, auch Monate oder Jahre später, ob er jemanden kennt, der Ihre Produkte oder Dienstleistungen anbietet, dann wird er sich an Ihren Satz erinnern und Sie oder Ihr Unternehmen erwähnen. Und wenn dieser Kunde dann bei Ihnen anruft und sagt, er kommt aufgrund der Empfehlung von Frau Meier, dann wissen Sie hoffentlich noch, wer Frau Meier ist!

3. Bedanken Sie sich bei Empfehlern

Ermitteln Sie die Kunden, die Sie weiterempfohlen haben. Und bedanken Sie sich für die Empfehlung, am besten verbunden mit einem kleinen Geschenk. Wertschätzen Sie die Personen, die Sie und Ihr Unternehmen empfohlen haben.

4. Stimulieren Sie das Weiterleiten

Wenn Sie einen Newsletter oder sonstige Informationen versenden, stimulieren Sie das Weiterreichen zum Beispiel wie folgt: „Kennen Sie Menschen, für die dieser Newsletter / dieses Angebot /unser Produkt auch interessant sein könnte? Dann leiten Sie diese E-Mail gerne weiter". Das geht auch analog mit Flyer, Prospekten etc.

5. Nutzen Sie das Prinzip der „sozialen Bewährtheit"

Sagen Sie zum Beispiel: „Die meisten unserer Kunden entscheiden sich an Ihrer Stelle für ...". Oder das: „Ich würde in Ihrem Fall ... empfehlen."
Wenn Sie Vertrauen aufgebaut haben, wird der Kunde Ihrer Empfehlung als Fachmann oder Fachfrau folgen.

Amazon erzielt allein mit der systematischen Anwendung dieses Prinzips ein Umsatzplus von geschätzten 25 Prozent.

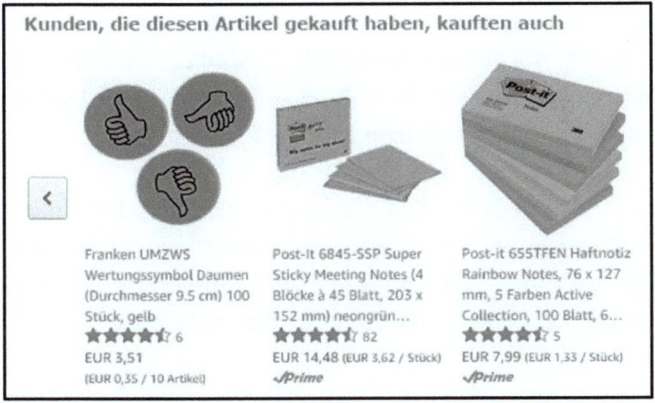

Intelligentes Empfehlungsmarketing ermöglicht zudem die Verminderung von Streuverlusten, eine effizientere Verteilung von Werbeinvestitionen und einen schnelleren Imageaufbau. Nicht auf den Vertrieb allein kommt es an, sondern auf empfehlende Bestandskunden.

6. Nutzen Sie den NPS (Net Promotor Score)

Wie messen Sie die Zufriedenheit Ihrer Kunden?

Hier eine kleine Empfehlung, die Sie am besten regelmäßig umsetzen. So erkennen Sie relativ schnell, wenn etwas aus dem Ruder läuft. Aber bitte keine ellenlangen Fragebögen, die kaum jemand ausfüllt. Also wie dann? Kennen Sie den NPS, den Net Promoter Score? Hiermit bekommen Sie durch nur zwei Fragen einen schönen Überblick über die aktuelle Kundenzufriedenheit mit Ihrem Unternehmen. Die Methode wurde von Satmetrix Systems, Inc., Bain & Company und Fred Reichheld entwickelt. Der Vorteil des NPS liegt in seiner Einfachheit.

Sie stellen dem Kunden nur zwei Fragen. Mit der ersten Frage erhalten Sie einen aussagekräftigen Wert, den Net-Promoter-Score, und mit der zweiten erfahren Sie von den Kunden die Gründe für die Bewertung.

Große Unternehmen arbeiten mit dem NPS. Bestimmt haben Sie die erste Frage auch schon gesehen.
Sie lautet:

„Wie wahrscheinlich ist es, dass Sie unser Unternehmen/unsere Marke einem Freund oder Kollegen weiterempfehlen werden?"

| 1 | 2 | 3 | 4 | 5 | 6 | 7 | 8 | 9 | 10 |

unwahrscheinlich   äußerst wahrscheinlich

Wichtig bei der ersten Frage ist der emotionale Effekt durch den Bezug „Freund oder Kollegen". Also nicht: „Würden Sie uns weiterempfehlen?", sondern: „Würden Sie uns einem Freund oder Kollegen weiterempfehlen?" Sie können auch noch „Geschäftspartner" in die Aufzählung aufnehmen. Hier ist die Hürde einer Empfehlung nochmal größer.

Bei der Berechnung werden nun diejenigen, die mit 0–6 geantwortet haben, als negativ (Detraktoren) gewertet und nur diejenigen, die mit 9 oder 10 geantwortet haben, als positiv (Promotoren). 7 und 8 werden nicht gewertet. Berechnet wird der Net Promoter Score durch die Differenz zwischen Promotoren und Detraktoren. Der Net-Promoter-Score wird somit anhand folgender Formel berechnet:

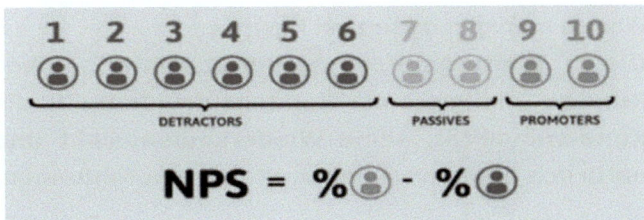

Dem Anteil der Promotoren, also derjenigen, die mit 9 oder 10 geantwortet haben (in % aller Befragten), wird der Anteil der Detraktoren (in % aller Befragten) abgezogen, also derjenigen, die mit 0-6 geantwortet haben.

Alle, die mit 7 oder 8 geantwortet haben, werden neutral gewertet.

Der Wertebereich des NPS kann also zwischen minus 100 und plus 100 liegen.

So einfach haben Sie den NPS für Ihr Unternehmen ermittelt, Ihn gilt es nun stetig zu verbessern. Ein NPS ab 35 und mehr ist als gut zu bewerten.

Die zweite Frage lautet:

„Was war der Hauptgrund für die soeben abgegebene Bewertung?"

Und nun sagen Ihnen die Detraktoren, was schiefgelaufen ist, und die Promotoren, was gut gelaufen ist.

Warum genügen diese zwei Fragen?

Die Weiterempfehlungsbereitschaft eines Kunden impliziert die Kundenzufriedenheit, die Kundenloyalität, seine Wiederkaufsabsicht und natürlich die tatsächlichen Weiterempfehlungen.

Sehr einfach auch online anzuwenden, wie es z. B. bei
Hotel Reservation Service (HRS) zu sehen ist:

Waren Sie mit Ihrer Buchung auf HRS zufrieden?

Wie wahrscheinlich ist es, dass Sie die HRS Webseite weiterempfehlen?

0	1	2	3	4	5	6	7	8	9	10

Unwahrscheinlich   Sehr wahrscheinlich

In welchen Bereichen können wir unsere Website optimieren?

Bitte teilen Sie uns den Anlass Ihrer Reise mit:

○ Privat   ● Geschäftlich

Hier wurde der emotionale Effekt allerdings vernachlässigt.

Wenn Sie allerdings direkten Kundenkontakt haben,
dann nutzen Sie diesen und fragen Sie Ihre Kunden
einfach regelmäßig:

„War alles zu Ihrer Zufriedenheit?", oder
„Was können wir noch verbessern, um Sie zu
begeistern?"
Aber bitte stellen Sie diese Fragen nicht beiläufig,
sondern mit voller Aufmerksamkeit und bedanken Sie
sich für die Hinweise der Kunden!

Warum Beschwerden etwas Gutes sind

Manchmal passieren Fehler. Das ist ärgerlich, aber menschlich. Beschwerden geben Ihnen die Chance, auf einen Missstand zu reagieren und den verärgerten Kunden wieder stärker an das Unternehmen zu binden. Sehen Sie Beschwerden also positiv!

Der unzufriedene Kunde gibt Ihnen die Möglichkeit, den Mangel abzustellen und wieder geradezubiegen, so dass er im Ergebnis doch zufrieden ist und weitere Geschäfte mit Ihnen tätigt.

Würde der Kunde sich nicht beschweren, hätten Sie nicht die Chance, die Sache wieder gutzumachen. Er wäre wahrscheinlich für Ihr Unternehmen verloren. Die meisten Kunden beschweren sich nicht. Der unzufriedene Kunde bleibt einfach weg.

Studien belegen, dass sich lediglich 4 % der unzufriedenen Kunden beschweren. Jeder der anderen 96 % erzählt seine negativen Erfahrungen allerdings mindestens zehn Mal weiter.

Gerade in Zeiten von Social Media ist dieser Wert wahrscheinlich sogar noch untertrieben.

Angenommen, Sie erhalten 12 Reklamationen pro Monat. Dann gibt es weitere 288 unzufriedene Kunden, die sich nicht beschwert haben. Dennoch werden die negativen Erfahrungen 2.880 Mal weitererzählt! Hochgerechnet ergeben sich so beinahe unglaubliche 34.560 Negativempfehlungen pro Jahr!

Warum beschweren sich so viele nicht? Vielleicht haben sie schon resigniert? Oder haben schlechte Erfahrungen gemacht, als sie das letzte Mal ihre Unzufriedenheit kundgetan haben? Und weil hinter jeder Beschwerde auch Emotionen und nicht erfüllte Wünsche und Erwartungen stecken.

Nutzen Sie die Chance einer Beschwerde oder Reklamation.

Auch Beschwerden gehören zur Nachbetreuung. Wie gesagt, wo Menschen arbeiten, kann auch mal was schiefgehen. Das ist so und das ist nichts Schlimmes. Es kommt nur darauf an, wie Sie damit umgehen. Das ist das Entscheidende.

Wir haben hier exemplarisch zwei Kunden. Kunde A und Kunde B. Und jetzt passiert bei dem Kunden B irgendein Missgeschick.

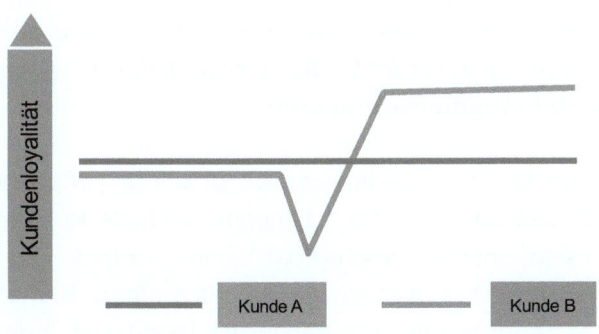

Natürlich sinkt dadurch erst einmal die Kundenloyalität. Kundenloyalität heißt: Wie verbunden ist der Kunde mit Ihrem Unternehmen? Ist es vielleicht sogar jemand, der für Sie spricht und Gutes über Ihr Unternehmen sagt? Nun, wenn etwas schiefläuft, ist er erst einmal unzufrieden.

Wenn Sie aber seine Erwartungen im Hinblick auf seine Beschwerde nicht nur erfüllen, sondern übertreffen, dann ist seine Kundenloyalität hinterher sogar höher als vorher. Es kommt also drauf an, wie Sie mit Beschwerden umgehen.

Es geht bei einer Beschwerde darum, den Kunden mit Kulanz und Flexibilität so zufriedenzustellen, dass seine Kundenloyalität hinterher sogar ein bisschen höher ist. Warum ist sie das?

Weil der Kunde weiß, dass er bei Ihnen in guten Händen ist, auch wenn mal was schiefläuft. Und auch das wird weitererzählt. **So einfach kann gutes Empfehlungsmarketing sein.**

Solange sich ein Kunde beschwert, will er weiter mit Ihnen Geschäfte machen! Schlimm sind die Kunden, die sich nicht beschweren und einfach zum Mitwettbewerber wechseln. Die bekommen Sie als Kunde kaum wieder. Die haben mit Ihnen und Ihrem Unternehmen abgeschlossen.

Verkaufen nach Persönlichkeit

Riemann-Thomann-Modell:
Die Persönlichkeit eines jeden Menschen besteht aus den vier Polen Nähe, Distanz, Dauer und Wechsel. Sie sind sogenannte Grundbestrebungen, die sich in unterschiedlichen Verhaltensweisen und Bedürfnissen zeigen. Erkannt und beschrieben haben das Phänomen Fritz Riemann und Christoph Thomann, wodurch das Riemann-Thomann-Modell entstand.

In seinem 1961 erschienenen Werk „Grundformen der Angst" das mittlerweile rund eine Million Mal verkauft wurde, erklärt Fritz Riemann, dass sich Persönlichkeiten in vier Kategorien einteilen lassen. Die Beschreibung des deutschen Psychoanalytikers nahm der Schweizer Psychologe Christoph Thomann in den 1970er-Jahren auf. Er nutzte dieses Raster, um Verhaltensweisen zu erklären.

Nähe, Distanz, Dauer und Wechsel: Jeder Mensch zeigt diese Bestrebungen, allerdings in unterschiedlichen Ausprägungen. Bei manchen geht die persönliche Tendenz zu ein oder zwei Polen, bei anderen prägen unter Umständen drei oder vier Pole das Verhalten. Jedoch haben alle ein sogenanntes „Heimatgebiet". Darunter versteht man eine Ausprägung, die bei einer Person ganz besonders hervorsticht.

Mit jeder Ausprägung gehen gewisse Charaktereigenschaften einher, beispielsweise:

Menschen, bei denen die Grundausrichtung **„Nähe"** ausgeprägt ist, streben nach Harmonie, Zugehörigkeit und Mitgefühl.

Das Gegenteil zeigt die Einordnung **„Distanz":** Hier möchten die Personen eigenständig sein und zeigen sich sachlich.

Die Grundstrebung **„Dauer"** führt dazu, dass unter anderem Verlässlichkeit und Ausdauer zur Persönlichkeit zählen.

Ein **„Wechsel"**-Typ neigt eher zur Spontanität und hat das Bedürfnis, kreativ und flexibel zu arbeiten.

Dauer
(strukturiert)

Nähe
(gefühlvoll)

Distanz
(logisch)

Wechsel
(flexibel)

Der „Nähe"-Kunde

Der **gefühlvolle** Beratungs- und Verkaufsstil:

- Begegnen Sie dem Nähe-Menschen mit Herzlichkeit und Wärme.
- Nehmen Sie sich Zeit, gehen Sie auf ihn ein.
- Verwenden Sie Begriffe wie „gerne", „schön", „jederzeit".
- Zeigen Sie, was Sie denken und fühlen.
- Beraten Sie wie ein Freund.
- Schaffen Sie ein Wohlfühlklima.
- Reden Sie selbst weniger, hören Sie einfühlend zu.
- Merken Sie sich schöne Sprüche und Geschichten.
- Strahlen Sie Wärme und Verständnis aus durch eine gefühlvolle Stimme und ausdrucksstarke Körpersprache.

Der „Distanz"-Kunde

Der **logische** Beratungs- und Verkaufsstil:

- Sprechen Sie beim Distanz-Menschen kurz, knapp, präzise.
- Nennen Sie genaue Zahlen, Daten, Fakten.
- Zeigen Sie Fachwissen und Knowhow.
- Beweisen Sie die Einsparungen von Zeit, Geld und Ressourcen.
- Meiden Sie Emotionales und Persönliches.
- Strahlen Sie Glaubwürdigkeit aus durch eine aufrechte Körperhaltung, reduzierte Gestik und Mimik sowie ein seriöses Outfit.

Der „Dauer"-Kunde

Der **strukturierte** Beratungs- und Verkaufsstil:

- Gehen Sie beim Dauer-Menschen „Schritt für Schritt" und „in Ruhe" vor.
- Sprechen Sie selbstsicher Ihre Empfehlungen als Fachmann aus.
- Erzeugen Sie Vertrauen durch Garantien und Gütesiegel.
- Zeigen Sie Details, die Sicherheit und verlässliche Qualität bieten.
- Nennen Sie Referenzen und Kundenmeinungen
- Wirken Sie eher bescheiden, vermeiden Sie Übertreibungen.
- Strahlen Sie Vertrauenswürdigkeit aus durch bodenständiges und eher introvertiertes Auftreten.

Der „Wechsel"-Kunde

Der **experimentelle** Beratungs- und Verkaufsstil:

- Lassen Sie den Wechsel-Menschen reden, hören Sie bewundernd zu.
- Loben Sie seine Ideen, seinen Geschmack.
- Fordern Sie seine Kreativität ein.
- Geben Sie Insidertipps.
- Seien Sie humorvoll und zwanglos.
- Nennen Sie keine Details.
- Sprechen Sie in Bildern und Vergleichen.
- Bauen Sie Spannung auf.
- Sprechen Sie lebhaft und begeistert.

Zusammenfassung

1. Herzliches arbeiten und echtes Interesse am Kunden

Seien Sie ehrlich, authentisch und interessiert.

Freuen Sie sich, den Kunden zu treffen, und zeigen Sie Ihre Begeisterung für Ihr Produkt und/oder Ihre Dienstleistung.

2. Aktiv Zuhören und gezielt nachfragen

Die wichtigste Phase im Verkaufsgespräch ist nicht die Produktpräsentation, sondern die Analyse der Kundenwünsche. Hier legen Sie den Grundstein für einen erfolgreichen Verkauf.
„Denken Sie daran: Es heißt Verkaufsgespräch, nicht Verkaufsmonolog!"
Ein guter Verkäufer verfügt über die Fähigkeit zuzuhören und mit den richtigen Fragen eine vertrauensvolle und offene Atmosphäre zu erzeugen.

Beispiel: „Gibt es außerdem noch etwas, was Ihnen wichtig ist?"

3. Das Gesagte mit den eigenen Worten zusammenfassen

Schaffen Sie Klarheit.

Nach der Analyse der Kundenwünsche kommt die Zusammenfassung der Ziele und der Erwartungen des Kunden mit Ihren eigenen Worten. Zeigen Sie dem Kunden, dass Sie ihn ernst nehmen und verstehen wollen.

Beispiel: "Wenn ich Sie richtig verstanden habe, ist Ihnen besonders wichtig, dass..."

4. Einverständnis vom Kunden für die weitere Wegleitung abholen

Der Kunde hat sein Verständnis – Sie haben Ihr Verständnis und gemeinsam benötigen Sie ein Einverständnis.

Alles in der Produktpräsentation hat nun einen Bezug zu den Erwartungen des Kunden. Er kann sich nun voll und ganz mit dem Produkt oder der Dienstleistung identifizieren und seinen persönlichen Nutzen erkennen.

5. Verständnis für die Bedenken des Kunden signalisieren

Nehmen Sie die Bedenken des Kunden ernst.
Geben Sie nicht nur Rückmeldung zu sachlichen Fragen, sondern reagieren Sie auch auf emotionale Signale, wenn Sie wahrnehmen, dass Ihr Kunde unsicher ist.

Beispiel: „Ich habe das Gefühl, dass Sie noch unsicher sind, ob das Produkt für Sie geeignet ist. Liege ich da richtig?"

6.   Eine klare Kaufempfehlung aussprechen

Der Kunde erwartet von Ihnen als Fachmann eine klare Kaufempfehlung. Lassen Sie alle Informationen bei der Kaufempfehlung mit einfließen. Und vergessen Sie nicht die Abschlussfrage!

Beispiel: „Darf ich das so für Sie vorbereiten?"

Und denken Sie daran:

Verkaufen darf Ihnen und Ihren Kunden auch Spaß machen!

Viel Erfolg wünscht Ihnen

Ralf Köncke

Buch-Tipp

Erfahren Sie in diesem Buch, wie Sie es schaffen, für Ihre Serviceleistungen vom Kunden Weiterempfehlungen, Loyalität zum Unternehmen, Zusatzverkäufe oder 5-Sterne-Bewertungen im Internet zu bekommen.

Vorträge für Ihr Unternehmen

Fesselnde und immer praxisnahe Vorträge.

Planen Sie ein Event, eine Tagung, ein Expertentreffen oder einen Kundenworkshop? Dann nutzen Sie die Chance, Ihre Veranstaltung deutlich aufzuwerten.

Zum Beispiel auf:

- **Messen**

- **Tagungen und Kongresse**

- **Kundenveranstaltungen**

- **Jubiläen**

- **Verbandstreffen**

- **Mitgliedertreffen**

- **Jahrestagungen**

- **Produktvorstellungen**

Themen:

• Servicequalität in 6 Schritten

In einer Zeit, in der sich die Produkte kaum unterscheiden, entscheidet der Service darüber, ob ein Kunde kauft oder eben nicht. Erkennen Sie individuelle und neue Möglichkeiten, durch eine auffallend positive Servicequalität deutlich mehr Neukunden zu gewinnen.

- ## Empfehlungsmarketing – Neukunden zum Nulltarif!

Kunden zu gewinnen ist immer gut – aber noch besser ist es, Kunden mit Ihrem Angebot zu begeistern, so dass sie es begeistert weiterempfehlen. Gutes Empfehlungsmarketing schafft Vertrauen und Kaufbereitschaft.

- ## Verkaufen kann so einfach sein

Ein guter Verkäufer braucht keine Manipulations-strategien, um eine gute Beziehung zum Kunden aufzubauen. Wie Sie von der Begrüßung bis zum Verkaufsabschluss überzeugend auftreten.

- ## Faszinieren statt rabattieren!

Wir sind nicht die Billigsten - und das ist auch gut so! Wie Sie in Preisgesprächen überzeugen, preisglaubwürdig bleiben und ihre Kunden mit Service, Qualität und Leistung begeistern.

Über den Autor

Ralf Köncke ist Kommunikationsexperte mit Ausbildung des Schulz von Thun Instituts in Hamburg, IHK-zertifizierter Trainer und zertifizierter Service-Coach. Er war langjähriger Lehrbeauftragter der Internationalen Studien- und Berufsakademie (ISBA) zum Thema Dienstleistungsmanagement und ist Dozent bei verschiedenen Weiterbildungsträgern, Wirtschaftsverbänden und Marketinginitiativen. Mitglied im Prüfungsausschuss der IHK in Oldenburg und Projektleiter für die Initiative ServiceQualität Deutschland (SQD) im Bundesland Bremen.

Seit über 25 Jahren Vertriebsprofi und mit tausenden erfolgreichen Verkaufsgesprächen ein Experte im serviceorientierten Umgang mit Endverbrauchern.

Weitere Informationen unter:
SERVICE-TRAINER.com
Inhaber: Ralf Köncke
Technologiezentrum
t.i.m.e. Port III
Barkhausenstraße 4
27568 Bremerhaven
E-Mail: info@service-trainer.com
Web: www.service-trainer.com

„Der Mensch ist plötzlich wie verwandelt,
sobald man ihn als Mensch behandelt!"

Antoine de Saint-Exupéry

SERVICE-TRAINER.com

Service macht den Unterschied.